科学如此惊心动魄·汉字 ②

闯关救教授

汉字六书

纸上魔方 著

吉林出版集团股份有限公司 | 全国百佳图书出版单位

图书在版编目（CIP）数据

闯关救教授：汉字六书 / 纸上魔方著. — 长春：
吉林出版集团股份有限公司，2017.3（2024.3重印）
（科学如此惊心动魄 . 汉字）
ISBN 978-7-5581-2389-4

Ⅰ.①闯… Ⅱ.①纸… Ⅲ.①六书—儿童读物
Ⅳ.①H122-49

中国版本图书馆CIP数据核字(2017)第044437号

科学如此惊心动魄·汉字 ②
CHUANG GUAN JIU JIAOSHOU   HANZI LIUSHU

闯关救教授——汉字六书

著　　者：	纸上魔方	
出版策划：	崔文辉	
项目统筹：	郝秋月	
责任编辑：	姜婷婷	
出　　版	吉林出版集团股份有限公司（www.jlpg.cn）	
	（长春市福祉大路5788号，邮政编码：130118）	
发　　行	吉林出版集团译文图书经营有限公司	
	（http://shop34896900.taobao.com）	
电　　话	总编办 0431-81629909　　营销部 0431-81629880 / 81629881	
印　　刷	三河市华阳宏泰纸制品有限公司	
开　　本	720mm×1000mm　1/16	
印　　张	8	
字　　数	100千字	
版　　次	2017年3月第1版	
印　　次	2024年3月第10次印刷	
书　　号	ISBN 978-7-5581-2389-4	
定　　价	49.80元	

印装错误请与承印厂联系　　电话：13313168032

前　言

四有：有妙赏，有哲思，有洞见，有超越。

妙赏：就是"赏妙"。妙就是事物的本质。

哲思：关注基本的、重大的、普遍的真理。关注演变，关注思想的更新。

洞见：要窥见事物内部的境界。

超越：就是让认识更上一层楼。

关于家长及孩子们最关心的问题："如何学科学，怎么学？"我只谈几个重要方面，而非全面论述。

1. 致广大而尽精微。

柏拉图说："我认为，只有当所有这些研究提高到彼此互相结合、互相关联的程度，并且能够对它们的相互关系得到一个总括的、成熟的看法时，我们的研究才算是有意义的，否则便是白费力气，毫无价值。"水泥和砖不是宏伟的建筑。在学习中，力争做到既有分析又有综合。在微观上重析理，明其幽微；在宏观上看结构，通其大义。

2. 循序渐进法。

按部就班地学习，它可以给你扎实的基础，这是做出创造性工作的开始。由浅入深，循序渐进，对基本概念、基本原理牢固掌握并熟练运用。切忌好高骛远、囫囵吞枣。

3. 以简驭繁。

笛卡尔是近代思想的开山祖师。他的方法大致可归结为两步：第一步是化繁为简，第二步是以简驭繁。化繁为简通常有两种方法：一是将复杂问题分解为简单问题，二是将一般问题特殊化。化繁为简这一步做得好，由简回归到繁，就容易了。

4. 验证与总结。

笛卡尔说："如果我在科学上发现了什么新的真理，我总可以说它们是建立在五六个已成功解决的问题上。"回顾一下你所做过的一切，看看困难的实质是什么，哪一步最关键，什么地方你还可以改进，这样久而久之，举一反三的本领就练出来了。

5. 刻苦努力。

不受一番冰霜苦，哪有梅花放清香？要记住，刻苦用功是读书有成的最基本的条件。古今中外，概莫能外。马克思说："在科学上是没有平坦的大道可走的，只有那些在崎岖的攀登上不畏劳苦的人，才有希望到达光辉的顶点。"

北京大学教授/百家讲坛讲师

张顺燕

贝吉塔

阴险邪恶，小气，如果有谁得罪了她，她就会想尽一切办法报复别人。她本来被咒语封了起来，然而在无意中被冒失鬼迪诺放了出来。获得自由之后，她发现丽莎的父亲就是当初将她封在石碑里面的人，于是为了报复，她便将丽莎的弟弟佩恩抓走了。

善良，聪明，在女巫被咒语封起来之前，被女巫强迫做了十几年的苦力。因为经常在女巫身边，所以它也学到了不少东西。后来因为贝吉塔(女巫)被封在石碑里面，就摆脱了她的控制。它经常做一些令人捧腹大笑的事情，但是到了关键时刻，也能表现出不小的智慧和勇气。它与丽莎共同合作，总会破解女巫设计的问题。

克鲁德
小精灵

安得烈

外号"安得烈家的胖子"，虎头虎脑，胆子特别大，力气也特别大，很有团队意识，经常为了保护伙伴而受伤。

丽莎

胆小，却很聪明心细，善于从小事情、小细节发现问题，找出线索，最终找出答案。每到关键时刻，她和克鲁德总会一起用智慧破解女巫设计的一个个问题。

迪诺

冒失鬼，好奇心特别强，总是想着去野外探险，做个伟大的探险家。就是因为想探险，他才在无意中将封在石碑里面的贝吉塔（女巫）放了出来。

班奈特

沉着冷静，很有头脑，同时也是几个人中年龄最大的。

佩恩

丽莎的弟弟，在迪诺将封在石碑里面的贝吉塔（女巫）放出来后，就被女巫抓走做了她的奴隶。

目　录

目 录

第一章

佩恩迷上了汉字

（六书简介上）

都说没文化真可怕，我克鲁德英明一世，贪玩儿了几天，这不，丢丑了吧？不过没关系，现在我可搞清楚六书是怎么回事啦——

汉字六书

六书，其实就是汉字的六种构造和应用的方法。汉字是怎么构造出来的呢？我们都知道，汉字是象形文字，最早的汉字就是图画。不过，光靠画画可不能表示出所有的事物，更不能准确表达动作和抽象概念，于是有了象形以外的造字法。

根据中国古代学者的归纳和总结，汉字的构造有六种：象形、指事、会意、形声、转注和假借。这就是汉字六书，可不是某个人的六叔！

班固和许慎的六书

东汉历史学家班固在他的《汉书·艺文志》里说："古者八岁入小学，故周官保氏掌养国子，教之六书，谓象形、象事、象意、象声、转注、假借，造字之本也。"这里的象形、象事、象意、象声、转注、假借就是最早的六书概念，是说古人从小就开始学习六书，从而掌握造字的根本。

后来，同是东汉的文字学家许慎创作了《说文解字》，书中把六书定义为指事、象形、形声、会意、转注、假借，确定了今天六书的名称。

此后的汉字专家和研究者沿用了许慎定义的六书的名称，并按照班固提出的概念排列六书的顺序，因此才有了象形、指事、会意、形声、转注、假借这六书。

问：六书概念是班固最早提出的吗？《汉书·艺文志》说"故周官保氏掌养国子"又是怎么回事？

答：周官就是周朝的官，保氏负责教育国子（公卿大夫的子弟）。周朝已经有了"六书"这个词。根据《周礼·地官·保氏》记载，六书是国子必修课六艺之一。《汉书·艺文志》改编自西汉刘歆的《七略》，也有人认为刘歆最早提出了六书，但《七略》这本书现在已经看不到了。

问：六书是汉字构造和应用的方法，那么哪些是构造法，哪些是应用法呢？

答：在六书中，象形、指事、会意、形声属于汉字的构造法，而转注和假借则属于汉字的应用法。

智慧树

第二章

"书魔"的挑战
(六书简介下)

13

佩恩背的是什么？咒语吗？口诀吗？都不是。他背的正是许慎对六书的定义。让我们来看一下这段话：

六书的定义

《周礼》：八岁入小学，保氏教国子，先以六书。

一曰指事。指事者，视而可识，察而见意，上下是也。

二曰象形。象形者，画成其物，随体诘诎，日月是也。

三曰形声。形声者，以事为名，取譬相成，江河是也。

四曰会意。会意者，比类合谊，以见指㧑，武信是也。

五曰转注。转注者，建类一首，同意相受，考老是也。

六曰假借。假借者，本无其字，依声托事，令长是也。

哈哈，是不是很难懂？不过慢慢读下去，你就明白啦！

许慎和他的《说文解字》

　　我们前面已经提到《说文解字》了。《说文解字》是许慎所著。许慎是东汉人，著名的经学家和文字学家。他从公元100年开始创作《说文解字》，到公元121年定稿，历时22年。

　　这部《说文解字》是中国第一部以部首排列编著的字典，也是世界上最古老的字典之一。许慎在本书中归纳出540个部首，记录和讲解了近万个汉字的字形、字源和字义，还详细地阐释了六书理论，并把它应用到对汉字的注解之中。

　　可以说，许慎的《说文解字》是研究汉字历史和汉字构造的最佳工具。

问：世界历史上最早的词典是哪部？

答：公元前2300年左右，阿卡德人编写了苏美尔—阿卡德双语词典，并用楔形文字刻在石板上，这是目前为止，人们所知道的最早的词典。

中国最早的词典叫《尔雅》，大约成书于战国时期，不晚于西汉初年。《尔雅》还是儒家经典"十三经"之一呢！

问：中国是什么时候才有"字典"的叫法的呢？

答：1716年，《康熙字典》成书。《康熙字典》是第一部以皇帝命名、第一次用"典"命名的字书，是古代字书的集大成者，其影响之大只有《说文解字》可以相提并论，以至于后来的众多字词典都仿效以"典"命名，"字典"的叫法由此而来。

智慧树

第 三 章

轻松猜地名

（象形1）

湖南

我早就羡慕佩恩"看图识字"的本事啦，这次，我一定要学会！

关于象形字

《说文解字》说"象形者，画成其物，随体诘诎"，意思就是照着事物的样子画出来，笔画线条随着事物的形体特征弯曲变化，这样写出来就是象形字。像"日""月"就是。

所以，象形字就是一种图画文字，只不过减弱了图画特性，增强了象征意味。正如前面所说，象形字是最早、最原始的文字，而象形也就是汉字构造最基本的方法啦！

当然，象形字并不能"画"出所有的事物——有的事物太复杂，有的事物只是抽象概念，都不能够用象形方法造出文字来。

从 "龙" 字看象形字的变化

"龙" 字的甲骨文，下面是一条 "虫"（蛇），上面是 "辛"——本意是把锋利的刀，这里像龙角的形象。钟鼎文（金文）中的 "龙" 变化不大，只是更规整一些。

（虫、蛇）　（辛）　（钟鼎文：龙）

到了篆书中，"龙" 字被写作 "龍"，表示长长的巨兽的 "虫"（蛇）成了 "月" 字，旁边还加上了 "匕" 和 "彡"，意思是这种动物有着利爪和背鳍——

你看，这样是不是更形象了？但这已经完全不是图画，而是文字啦！

隶书和楷书中的 "龙" 字都是从篆书演变来的，不过龙头上的 "辛" 已经变成了 "立"，省去了两笔。我们现在用的 "龙" 字，是简化的结果。

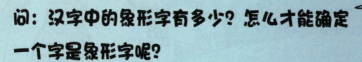

问：汉字中的象形字有多少？怎么才能确定一个字是象形字呢？

答：虽然象形字是最古老的文字，但今天的汉字中，象形字很少。《说文解字》上万个汉字中只有不到三百个象形字；后来创造的象形字更少，只有几个。

象形字通常都是独体字，比如山、水、牛、马等。有些象形字虽然由两部分以上构成，各部分之间却密不可分，或者拆开后表达的意思完全不同了。

问："龙"就是那种由多个部分构成的象形字吧？

答：没错。不过你看，"龍"字拆开的每一部分，是不是都和龙这种动物毫不相干呢？

第四章

坚强迎挑战

（象形2）

丽莎、迪诺、安得烈、佩恩和克鲁德小精灵一行又一次来到了中国。他们很快赶到湖南湘西的龙山县。在一片山水之间，他们又陷入了迷惘……

阿力教授会在哪儿呢？

出来……出来……出来……

让我们再问问书魔吧……

哈哈，对极了，不问他问谁？

安得烈一下明白了，他跳到笔记本电脑前敲打起来，不一会儿就发出一封邮件。

书魔很快就回复了，大家看向屏幕——这次又是两个字不像字、画不像画的符号。

……水。

第二个字大家都认识，因此异口同声地说。但第一个字……

关键时刻还得看我的！嘿嘿，不过说实话，这个"酉"字还真难猜。

"抽象的"象形字

看来象形字也不都像图画那么容易猜测。有些象形字还要理解它的意义，并且它的意思还会转变。

像"乌"字，比较"乌"和"鸟"的小篆（见下图），原来"乌"没有眼睛——"乌"是乌鸦，通体乌黑，当然看不到眼睛啦！

（乌）　（鸟）

此外还有"鬼"（见下图），这个字其实是一个人长了个可怕的脑袋，是人想象出来的怪物——那上面的"田"可不是田地，而是长着一张恐怖可怕的怪脸的头。

"果"字（见下图）上面的"田"也不是田地，更不是头，而是树上的果实。

象形字列举

A.整个事物的形象：

（耳）　（贝）　明（门）　（舟）

B.事物的局部特征：

比较"牛""羊"（见下图）这两个字，只表现角的特征，是不是很形象？

（牛）　（羊）

C.加上别的事物，明确意义：

（石）　（瓜）　（眉）

看到这三个字了吗？

"口"可不是嘴，是一个石头的形象，但加上一个"厂"，表示是山崖边突出的岩石。

"瓜"字的中间是个瓜果，不过如果不加上周围的瓜藤、瓜蔓，谁知道那是个瓜果呢？

还有"眉"，眼眉的形象很逼真，但也需要在下面画上眼睛，这样就明确了。

这样的例子太多了，暂时就说这么多吧！

问：象形字里面的学问太深奥了，怎么才能搞清楚呢？

答：哈哈，真要搞清楚这里面的大学问可得下一番功夫呢！不过，能够认识一些常见的象形字，理解它们的意义，也就不容易啦！比如，除了前面讲过的，下面这些字也是象形字，你能认出它们吗？

⺈（刀） ⿺（牙） ⺀（矢） ⊗（女） ⺆（目） ⼀⼗⼀（车）

问：上面的字都很简单，还有像"酉"那样不容易猜到的吗？

答：当然有，太多啦！就让你猜两个吧：

⺂　⿕

猜到了吗？这两个字，一个是"亥"，一个是"泉"。

十二生肖"亥猪"知道吧？"亥"和"豕"很像，这两个字都表示猪。

水从山岩孔穴中流出，就是"泉"。

智慧树

32

第五章

怪异的路标

（指事1）

指事字的定义我不是刚刚
背过吗？什么？完全不懂？没关
系，让我来解释给你听——

什么是指事字？

指事字，就是字形指明了这个字的含义的文字。许慎不是说"视而可识，察而见义"吗？意思就是一看到就能认识，再通过观察就能明白它的意思。像"上""下"就是这样的字。

在前面甲骨文"上""下"中，长的一笔表示分界，短的一笔表示事物所处的位置。短的笔画在上就是"上"字，在下就是"下"字。是不是很简单？

数字中的指事字

  以前我们说过，有人认为表示数字的汉字是从八卦演化而来的。这种理论很玄，不一定可靠。不过当然，数字不是具体的事物，所以肯定不是象形字。其实，目前很多表示数目的汉字都被认为是指事字。

  你看，画一横是"一"，两横是"二"，三横就是"三"，古时候还有"亖"这个字，就是"四"。不过再画下去可要闹笑话——如果要写"万"，难道真的画一万横吗？所以，"五"不是五横，也不是指事字。

  "六""七""九"也不是指事字，但"八""十"是。比如"八"，像两物相背的样子，意思是分别。

问："百""千""万"是指事字吗?

答:比较权威的观点认为"百""千""万"都不是指事字。例如,"万"在古文中有"万""萬"两种。"万"是形声字,表示一种虫子;"萬"则是象形字,本义竟然是蝎子。

问:既然有权威的观点,就是说还有别的观点喽?

答:没错。有人认为"五""七"也是指事字。比如"五"的甲骨文、钟鼎文和小篆都很类似(见下图),就有观点认为这是表示五行在天地间交错。

Ⅹ(甲骨文)　Ⅹ(钟鼎文)　Ⅹ　(小篆)

此外,"百""千"也可以看作指事字。

看来数目字还真是复杂。

第六章

迪诺弄懂指示牌

（指事2）

大家都夸迪诺，其实我也有功劳呀。而且呀，我还发现了解释指事字的秘诀呢……

指事字中的指事符号

要准确解释指事字，关键是找到指事符号，并理解它的含义。像"凶"字中间的"×"，"回"字笔画的曲折回环。

大家看看下面两个字：

（甘）　　　（亦）

"甘"字外框表示"口"，里面的短横表示食物。嘴里正吃着美味的食物，那感觉就是"甘"啦！

而"亦"字中间的"大"字形分明是人的形状，两个点指向两臂里面——原来这个字最初是"腋"，也就是腋窝的意思。

指事字的简单分类

前面提到的指事字,像"上""下""凶""回""一""二"等都是完全用符号来指事字义,这样的指事字可以称为纯符号指事字。甘、亦也是纯符号指事字——"甘"外面只是画了个口,而不是"口"字;"大"也只是人的形象,不是"人"字。

还有一些指事字是在象形字上加上指事符号,属于文字加符号指事字。例如本、末、刃(见下图):

"本"和"末"都是在一棵树("木"字)上加一横,只不过"本"字加在下面,表示树根,意思是根本,"末"字加在上面,表示树梢,意思是末端。是不是很有意思?

"刃"字是用一个点指示在刀刃的地方,表示锋利。

问：指事字多不多？还有哪些常见的指事字呢？

答：指事字其实很少，比象形字还少。《说文解字》里只有200个左右，而且根据现代权威的观点，其中相当一部分并非指事字。当然，也有一些常见的字属于指事字。

例如："中""夕"。中（旗帜插在中间，画一竖）

（月亮半隐半现，省去'月'字一笔）

问：《说文解字》认为是指事字，现代认为不是的有哪些字，能举个例子吗？

答：例子很多。比如"旦"和"丘"（见下图）：《说文解字》认为"旦"表示太阳从地面升起，"一"表示地面；"丘"表示高高的土堆，"一"还是地面，上面是"北"字。但这两个字现在都被认为是象形字。

智慧树

第七章

险恶幽灵谷
（会意1）

哈，想起来啦！"会意者，比类合谊，以见指㧑，武信是也。"可是，这句话是什么意思呢？

两字合体的会意字

一只脚、一支矛为什么可以表示"武"字？原来，"武"字是由"止"和"戈"组成的。"止"本意是脚，"戈"是矛，制止暴力要动武，"止""戈"合起来就是"武"啦。

（钟鼎文"武"）

所以，两个字合体表示一个新的意思，就是会意字。

那么"信"呢？左边是"人"，右边是"言"——人要诚实，就是"信"。

（钟鼎文）　（篆书）　（隶书）

几个有趣的会意字

从会意字的组成部分能猜到它的意思，这是不是很有趣？

你看"牧"字：左边是"牛"，右边的篆书写作"攵"。"攵"像手中拿着棍棒，用棍棒驱赶着牛，就是"牧"。

𤘐（甲骨文）𤘓（钟鼎文）

再看"笔"字：上有"竹"，下有"毛"——竹管加上动物的毛就做成了笔。是不是很形象？

还有"甜"字，舌头尝到的甘美滋味，就是"甜"。

下面这两个字，你能自己解释出来吗？

茁（苗）闖（闯）

参考答案：田里刚长出来的幼草是"苗"。马进了门令人吃惊，也是不合规矩的行为，所以是"闯"。

问："妇"是会意字吗？为什么我猜不出它的合体意义呢？

答：这个字其实也是会意字。但是，要知道它的繁体字写法才能理解。你看："婦"字（见下图）左边是"女"，右边是"帚"，就是扫帚。女人在家做家务，所以称为"妇女"。

婦（小篆）

问：原来很多会意字要从繁体字分析呀！能再举个例子吗？

答：好。看看下面的图，认识这个字吗？这个字右边画了一个人爬到高处，双手捧着鸟巢，左边加上"亻"，意思是住在高处的人。那么，这是个什么字呢？原来是"仙"——仙人不是都住在高处吗？

僊（小篆）

智慧树

第八章

克鲁德的联想

（会意2）

这一次全靠我机智勇敢的克鲁德小精灵啦！不过说实话，猜出这个字可是靠了点儿运气呢……

难解的会意字

有些会意字意义很隐晦，不那么容易猜到，还要懂得一些传统文化才行呢！

例如"乖"字的小篆（见下图），形象是一只羊，"北"字在下面分开。所以这个字的意思是背离、违背，可不是乖宝宝听话的意思。

再比如"祝"字，你看它的甲骨文和钟鼎文（见下图），右边的部分像不像一个人跪在地上？其实，那上面还有个"口"，表示他在说话。左边的符号和宗教祭祀有关，表示神。人跪在神前说话祈祷，就是"祝"。所以现在和宗教祭祀有关的字，几乎全都有个"礻"部。

重叠会意字

有些会意字，是由相同的部件合体构成的，我们可以叫它们"重叠会意字"。

例如："从"（二人相随，就是跟随、跟从）、"林"（两木为林）、"棘"（两棵多刺的树，本意为灌木丛生，也指枣树、酸枣树）。

还有上下结构的："炎"（重火，本意为火苗升腾）、"出"（其实是草木生长突出，可不是两座山）、"圭"（重土，指一种上圆下方的古玉，标志着身份等级）。

此外还有三个字合体的：

"森""磊""众""品""晶""淼"都是，动脑筋想想它们的含义吧！

提示："淼"有三个水，表示水势浩大的样子。

问：是不是还有四个相同的字重叠合体呀？

答：是的。比如"燚"（yì）、"㵘"（màn）、"圭"（kuí）、"鑫"（bǎo）。不过这些字不常用，认识、会读就可以了。

此外还有一些比较少见的三字合体重叠会意字，大家可以认读一下：

     犇（biāo） 羴（shān） 猋（biāo） 麤（cū） 鱻（xiān） 贔（bì）

问：很多会意字都是两部分，指事字也是两部分，怎么区别呢？

答：会意字两部分都可以独立成字，比如"圳"，篆书（见下图）为左"田"右"川"，表示田在水边。或者至少是部首，但也有实际的意义，比如"安"，上面"宀"表示宅屋，女人在家中就安全啦！

但是对指事字，至少有一部分不是字或部首，只能算符号，表示象征意义。

想想看，是不是这样呢？

第九章

树上的秘密

（形声1）

形声字怎么猜？还是让我们来看看形声字的定义吧！

拼读形声字

许慎在《说文解字》中说："形声者，以事为名，取譬相成，江河是也。"什么意思呢？就是说根据一个事物的特性造字，再用一个字来配合标音，"江""河"就是这样的字。

你看"江"，左边"氵"表示与水有关，右边"工"表示读音。是不是很简单？

"河"也一样，读音与"可"有关。

像这样的字太多了，我们随便就可以举出不少例子——

"铜""故""菜""鸭""闷""盆"……这些字都是！

这些字中，有一部分包含了这个字读音的韵母，很容易就能把它们拼读出来，对吗？

So easy !

形声字的形旁和声旁

前面举的例子是不是都可以分成两部分，一部分表示意义或者分类，一部分表示声音？

没错，表示意义或者分类的是形声字的形旁，表示声音的是声旁。

比如"铜"："钅"是形旁，表示和金属有关；"同"是声旁，表示读这个音。这样的汉字有："钢""钙""钠""钟""铂"……

比如"菜"："艹"是形旁，表示和草本植物有关；"采"是声旁，表示读音。类似的汉字有："芒""苦""莎""菇""茗"……

比如"鸭"。你还可以找到："鹅""鸬鹚""鸥""鸦""鸽"……

还有"盂""盅""盒""盔"，它们都和器皿有关……

问："江"和"工"读起来并不相近，韵母也不同，为什么说"工"是"江"的声旁呢？

答："工"标注的是"江"的古音，现代汉字的读音已经发生了变化，相同的情况如"肛""杠""缸"等。但是韵母依然与"工"相同的也有，如"红"。

问：既然有些汉字古今读音有了变化，那么从声旁是不是不一定能准确判断读音呢？

答：没错，甚至有些字连声旁都不一定能直接判断出来。比如"唐"字其实也是形声字，但它的声旁是"庚"，想不到吧？

还有些形声字，它的声旁已经和这个字的读音一点儿关系都没有了。例如"海"，《说文解字》注释为"从水，每声"，但它读"hǎi"。

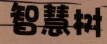

智慧树

第十章

丽莎拼读法

（形声2）

丽莎不愧是我的好搭档，她发现了形声字拼读的秘密，哈哈。其实啊，很多字都是先有了字音，然后才有字形的。

为什么要用形声法造字？

人是先会说话还是先会写字？答案当然是说话。文字正是为了记录语言才产生的。

有些事物、动作或者概念，人们先给它命名，在口语中表达出来，到了要记录的时候，发现没有对应的字，这些"名"既不能画出来，又无法用指事和会意表示，这时形声法就要大显身手啦！找一个和它读音相同或者相近的字，再加上一个表示相关意义或类别的字，就造出一个新字来。这就是"以事为名，取譬相成"的意思。

形声字合体模式

形声字一定有形旁和声旁两部分，但它们的位置是固定的吗？不是。简单地说，形声字合体模式主要有以下几种：

左形右声："镁""铝""抓""抄""粮""舰"……

左声右形："放""政""顶""额""雅""翎"……

上形下声："竿""笨""空""穹""界""奎"……

上声下形："膏""磐""丛""忍""忠""煎"……

外形内声："病""痛""闸""厕""圆""圃"……

外声内形："问""闻"……

为什么最后这种模式的字这么少？因为能表示声音又能放在外面的字实在不多。有几个字，如"辨""辩""辫""瓣"也被认为是外声内形，但实际上这几个字外面的声旁"辡"被分割开了。

问：形声字的例子这么多，事实上呢，是不是有很多形声字？

答：没错。形声字是汉字中数量最多的一种。用形声法造字很方便，而且象形、指事和会意能造出的字和表达的意思有限，《说文解字》中的形声字就有七千七百个左右，现代绝大多数汉字基本都是形声字，差不多占了汉字总数的百分之九十。看来形声字真是功能强大。

问：除了"辫""辩""辫""瓣"，还有哪些特殊的形声字呢？

答：当然有啦！你看这几个字："裁""载""栽"，它们的声旁是"𢦏"，形旁都被缩到了一个角落，是不是很委屈？还有"渠"，其实它的形旁是"氵"，不过也缩到了角落里。还有"衷"、"衮"（读gǔn）、"衰"，声旁"中""公""矛"也把形旁"衣"分开了。

智慧树

第十一章

难解萤火图
（转注1）

湾塘到了。这是个小村子。这时候已经是晚上了，天上明月高悬，繁星点点。丽莎他们都已经累得走不动了，就连克鲁德都不蹦来跳去，而是安静地坐在丽莎的肩头。他们正站在小村前不远处的一个小山丘上，居高临下观察着……

难道阿力教授被书魔抓到了这个小村子？

不会还有新的难题等着我们吧？

那里……那里有鬼

别灰心，大家一定要振作。

明早见，你们如果迟到，我就炮死阿力！

"炮死"？好可怕！
难道书魔有大炮？

先别管大炮，先想想那几个字符代表什么吧。

我可不懂，这事儿得靠你们！

83

他们到村里找了一户人家借住，吃了点儿东西，饭后坐在桌边继续分析。

慢着……第一个字是"考"，六书里的转注怎么说的？

那四个字会是什么呢？

"转注者，建类一首……"

有"城"有"屋"，应该是个地址，可哪来这么个地方呢？

哈哈，有门儿……

要不怎么说我英明神武呢？这不，好的开始是成功的一半嘛……

成对的转注字

转注字是什么？《说文解字》给出的定义是："转注者，建类一首，同意相受，考老是也。"它们为什么是转注字呢？根据《说文解字》的注解："考，老也。老，考也。"原来考就是老，老也就是考。它们是相同意思的不同的两个字。

现在我们就可以明白"建类一首，同意相受"的意思了。这就是说有相同的部首，而且意思相同或者相近，能够互相解释的字，就是转注字。

也就是说"考"和"老"不是转注的两个例字，而是一对例字。所以，转注字总是成对出现，从来不是单独的一个。

关于"考""老"同部

　　根据转注的定义，"考"和"老"部首相同。它们的部首是什么呢？是"耂"（lǎo）。这个字和"老"同音，是"老"字的省笔（也就是简省笔画的结果）。所以也可以说"考"和"老"都是"老"部。

　　除了"考"和"老"，"耄"（mào）、"耋"（dié）、"耆"（shì）也都表示年老，所以有人认为这三个字也是"老"的转注字。不过，"耄""耋"和"耆"所表示年老的程度不同——"耄"是八九十岁；"耋"其次，七八十岁；"耆"最年轻，六十岁以上就可以了。

考老

耄：八九十岁

耋：七八十岁

耆：六十岁以上

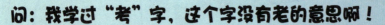

问：我学过"考"字，这个字没有老的意思啊！

答：在现代汉语中"考"的确没有老这个意思。不过，古时候确实"考""老"同义。有观点认为古时候先有"老"字，后来有些地方将"老"读作kǎo，为了记录这个新读音，才又造了一个新字"考"。

　　另外，现在"考"依然可以表示老，但只用来指死去的父亲，如"先考"、"如丧考妣"（妣是死去的母亲）。

问：转注字一定要有相同的部首，并且能够互相解释吗？

答：目前比较公认的看法是，转注字一定意义相同或者相近，能够互相解释。但是不是要有相同的部首呢？那可就不好说了，继续看下去你就知道啦！

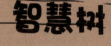

智慧树

第十二章

书魔藏身处

(转注2)

91

重要谜团当然要由我克鲁德亲自揭开啦。不过说实话，转注字可真难，不确切了解一个汉字的意义，还真是不好判断！

转注字的互训

前面已经说过，转注字一定是意义相同或相近并且能够相互解释的两个字。

也就是说，对转注字的注解一般都可以是"考，老也。老，考也"，或者"窍，空也。空，窍也"这样，至少也要是"炮，毛炙肉也。炙，炮肉也"的形式。

像这种两个字可以相互注解的情况，我们称之为"互训"。这样的两个字就是"互训字"。

转注字一定是互训字，但互训字不一定是转注字。

转注二说

许慎在《说文解字》中只举了"考、老"两个字做例子，而且没有注明其他还有哪些字是转注字，这可惹下了麻烦——后来的学者对转注各有看法和主张，到现在也没有达成一致。

总体说来，关于转注有两种主要的学说：

形转说：主张转注字是由部首相同的字变化或者互相注解而来。甚至有人说只要是相同部首的字就是转注字。

（当然，这么说不太对，难道"木"部都是转注字？"柳"和"松"可不是一种东西，更不可能互训。）

音转说：主张转注字发音相近或者相同，意思也接近或者相同。比如"颠"和"顶"。

此外还有很多五花八门的说法，简直说不过来。

问：又是"形转说"又是"音转说"，转注字到底要部首相同还是字音相同（相近）呢？

答：根据许慎原话的意思，转注字应当部首相同。不过"考、老"二字同韵而字音相近，所以音转说也有道理。当然，像"空、窍""炮、炙"那样字音完全不同也可以是转注字。所以，互训还是最关键的判断标准。

问：转注字的学说没有明确的定义，那么到底有哪些字是转注字，转注字又有多少呢？

答：由于目前学术界对转注没有定说，因此很难说到底有哪些转注字。除公认的"考、老""空、窍""颠、顶"之外，比较常见的转注字还有"舟、船""践、踏"等。

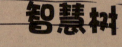

智慧树

第十三章

魔力文字咒

（假借1）

假借字是怎么回事？铜牌上的咒语又应该怎么"读"呢？还是让我们从《说文解字》说起……

无中生有说假借

关于假借，许慎说："假借者，本无其字，依声托事，令长是也。"意思很明白：本来没有这个字，根据读音找一个已有的字来代替，就是假借。"令""长"就是假借字。

那么"令""长"的本意是什么，又分别代替了哪个字呢？

查一查《说文解字》，原来"令"是发号施令，后来又可以代指发号施令的人，例如：县令、司令。

"长"（cháng）本义是久远、长久，也可以指上级、官员，读作zhǎng。例如：县长、长官，还有长辈。

長流遠源

"县令" "县长" 和 "知县"

县令、县长都是一县的最高长官，他们有什么分别呢？我们还经常会听到"知县"这个说法，这又是怎么回事？

中国从秦朝开始有了郡县制，就有了县。在当时，一个县的户口如果超过一万户，长官就叫"县令"，不到一万户，长官称"县长"。后来的汉朝、魏晋南北朝和隋朝都沿袭了这种制度。

唐朝没有县令和县长的区别，统称"县令"。

到了宋朝，某县长官称为"知某县事"，也就是负责管理某县事务的意思，因此简称为"知县"。之后的明清两朝，也都称"知县"。

原来，县令比县长管的人多，知县是宋、明、清的称呼。明白了吧？

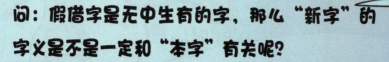

问：假借字是无中生有的字，那么"新字"的字义是不是一定和"本字"有关呢？

答：不一定。像"令"和"长"，"新字"（其实还是这两个字，只不过分别被赋予了新的字义）和"本字"意义相关，可以看作"本字"字义的引申。但像"戚"字，现在是指亲戚。你能猜出它的本义吗？

看看这个字的甲骨文像什么？（见下图）

原来，"戚"是钺，一种带刃的大斧头。

问：古人为什么要用假借字呢？

答：道理很简单，还是因为光靠象形、指事和会意不能造出足够的字，有些抽象概念也很难用这几种方法造字。

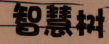

104

第十四章

书魔认输女巫逃

（假借2）

108

超强组合就是强！有我克鲁德和丽莎，当然战无不胜啦！不过，要准确理解假借字，还要从古书入手……

古人最爱用假借

还在殷商时期的甲骨文时代，就已经有了假借字。研究结果显示，甲骨文中绝大多数字是假借字。可见假借字在那时候是多么重要。

当然了，要弄清楚哪些字是假借字，还要从古代文字中寻找答案。比如"求"字，最早的字义是裘，也就是皮衣。这要看古书，联系上下文才能知道。

还有"之"字，在甲骨文中画成草木从地里长出来的样子，也非要见到了才会明白。

至于"亦"字更不用说，谁会想到它的本义是腋窝呢？

假借也能造新字

假借字是用一个已有的字表示新的含义，"新字"和"本字"是同一个字，怎么会产生新字呢？

当然会。比如"求"字——"求"原来就是皮衣，后来成了假借字，表示恳请和需要，那么要表示皮衣怎么办呢？两个意思不是很容易混淆吗？所以古人又专门造了一个"裘"字，加上"衣"部，表示和衣物有关。

再比如"族"字——甲骨文的"族"字本义是箭头（见下图），但后来被假借为族类，于是就只好再造一个"镞"字表示箭头了。

所以说，假借这种方法本身虽然不会产生新字，却促动了很多新字的产生，对造字的过程同样功不可没呢！

哪个是假借字呢？

问：假借字"本字"和"新字"前后一致，是不是发音也不变呢？

答：基本上是这样。也就是说假借字的"本字"和"新字"多数是同音字。前面提到的例子就都是。但是，有的假借字声调会发生变化。

例如"北"，本义为后背，读四声，后假借为方位词，读三声。

不过也有例外：像"来"字，本义为小麦，当读mài，假借后表示由彼至此，从远到近，就读lái了。

问：为什么说假借是用字而不是造字呢？

答：假借只是赋予一个已有的字新的意义和用法，并不产生新字，所以不属于造字法，而是用字法。转注也不是造字法，而是用字法。

智慧树

第十五章

欢庆成功

（六书小结）

书魔可不知道我们还有一件秘密武器呢！

六书真是强大的武器！我们正是靠着它才解开了不少汉字之谜，打败了书魔！

六书——汉字解密全靠它

汉字真是神奇的文字，也是世界上最复杂难懂的文字之一。汉字这种语言文字包含了丰富的历史文化知识，还有很多神秘的谜团。

汉字看起来艰深难懂，不过要掌握它，破解其中的秘密也不难——所有的汉字都可以用六书理论解释；它们的字形、字义，以及字形与字音的关系都至少和六书之一有关；追根溯源，每个汉字都能找到产生的原因。

可以说，掌握了六书，就等于有了开启汉字迷宫的钥匙。

六书四体二用说

在这本书的开头我们已经说过，象形、指事、会意、形声是造字法，而转注和假借则是用字法。现在大家回想一下，是不是这样呢？

象形是画抽象画；指事是用抽象符号加在另一个文字或者抽象符号上的方法表示概念；会意是把两个字结合，根据字义关系表示新的概念；形声是用形旁表示事物的类别，用声旁表示字音。

用这四种方法都可以造出新字，所有的汉字也都是这样出现的，所以说它们是造字法，是汉字学的根本。

转注是两个相同形旁的字互训，假借则是用已有的字表示新的概念，这两种方法都不能造出新字，所以说它们是用字法。

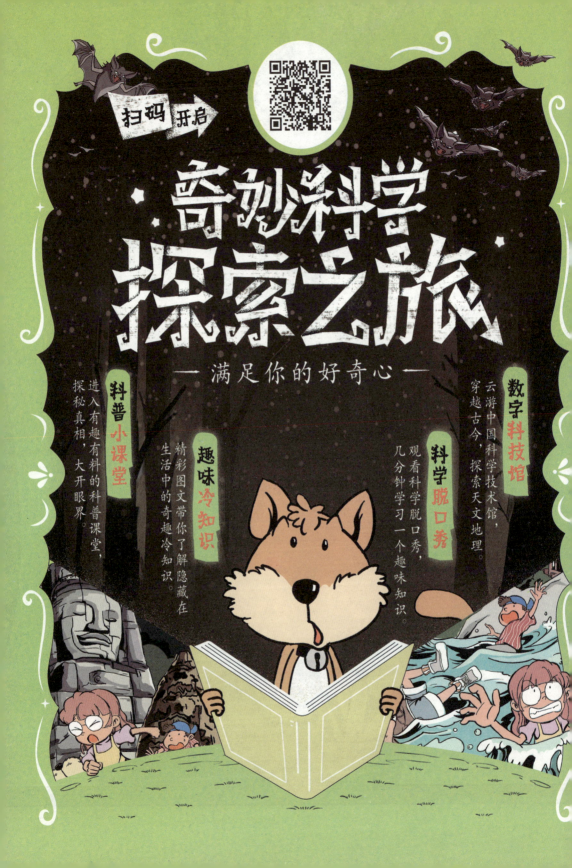